AF554832

Baron DU ROURE DE PAULIN
Avocat à la Cour d'Appel de Paris,
Chancelier de la Commission internationale d'Héraldique,
Membre correspondant de l'Académie de Clermont-Ferrand,
Secrétaire de la Société Française des Collectionneurs d'Ex-libris.

GÉNÉALOGIES

DES

FAMILLES DE SOLLEYZEL

JACQUIER & GRIMOD DE CORNILLON

BIBLIOTHÈQUE DE LA REVUE « HÉRALDIQUE »
8, rue Daumier, 8
PARIS (XVIe)

1908

GÉNÉALOGIES

DES

FAMILLES DE SOLLEYZEL

JACQUIER & GRIMOD DE CORNILLON

DU MÊME AUTEUR

Légendes d'Auvergne. Dans la *Revue des Traditions populaires*, 1901 et 1907. Paris, in-8.

Les Ex-libris Bigot. Dans les *Archives des Collectionneurs d'Ex-libris*, 1904 et 1905. — Paris, in-8.

L'Ex-libris Cadet de Gassicourt. — *Idem*, 1904.

La Donation et l'Ex-libris Morel de Thoisy. — *Idem*, 1906.

L'Ex-libris de la comtesse Claret de Fleurieu. — *Idem*, 1906.

Les Ex-libris de M. et Mme Mérard de Saint-Just. — *Idem*, 1907.

L'École royale militaire de Sorèze. — *Idem*, 1907.

Les Ex-libris d'Hozier. — *Idem*, 1908.

La Noblesse accidentelle. — Dans la *Rivista araldica*, 1908. Rome, in-8.

L'École du lézard. — Dans la *Chronique médicale*, 1907. Paris, in-8.

La Maison de Labro et ses dépendances féminines, dans la *Revue Héraldique*, 1904. — Paris, in-8.

La branche de Lormet de la Maison de Cheminades. — *Idem*, 1905.

Le chameau et le dromadaire dans le blason. — *Idem*, 1905.

Vanités nobiliaires. — *Idem*, 1905.

Généalogie de la Famille de la Perrière. — Paris, 1904, in-8.

Généalogie de la Famille du Saulzet. — Paris, 1905, in-8.

Le Manteau dans l'Art Héraldique. — Paris, 1905, in-8.

Le Château de Rochebaron. — Généalogie de la Famille de Giry. — Paris, 1906, in-8.

Les Rois, Hérauts et Poursuivants d'Armes. — Paris, 1906, in-8.

Les Privilèges en matière d'impôts sous l'Ancien Régime. — Paris, 1906, in-8.

La Bête du Gévaudan, dans les armoiries de la Famille Antoine. — Clermont-Ferrand, 1907, in-8.

Quelques Ex-libris Auvergnats. — Mâcon, 1907, in-8.

L'Hermétisme dans l'Art Héraldique. En collaboration avec Félix Cadet de Gassicourt. — Paris, 1907, in-8.

Le Juge d'Armes de France et les Généalogistes des Ordres du Roi. — Paris, 1907, in-8.

Les Ex-libris Brunetta d'Usseaux. — Mâcon, 1908, in-8.

BARON DU ROURE DE PAULIN

Avocat à la Cour d'Appel de Paris,
Chancelier de la Commission internationale d'Héraldique,
Membre correspondant de l'Académie de Clermont-Ferrand,
Secrétaire de la Société Française des Collectionneurs d'Ex-libris.

GÉNÉALOGIES

DES

FAMILLES DE SOLLEYZEL

JACQUIER & GRIMOD DE CORNILLON

BIBLIOTHÈQUE DE LA REVUE « HÉRALDIQUE »

8, rue Daumier, 8

PARIS (XVIe)

1908

Hommage respectueux à mon cousin M. de Montherot.

E. R. P.

GÉNÉALOGIE
DE LA FAMILLE DE SOLLEYZEL

La famille de Solleyzel est originaire du Beaujolais, elle donna deux branches qui s'établirent à Lyon et à Saint-Etienne (1).

Ses armoiries sont : *De gueules à trois croisettes d'or ; coupé d'azur au soleil rayonnant d'or.* On trouve quelquefois la variante suivante : *écartelé ; aux 1 et 4 de gueules à trois croisettes d'or ; aux 2 et 3 d'argent au chevron accompagné de 2 roses et d'un lion de gueules ; sur le tout d'azur au soleil rayonnant d'or.*

(1) *Armorial et Généalogie des familles qui se rattachent à Saint-Etienne* par M. de la Tour-Varan. Saint-Etienne, 1854, in-8°, pages 193 à 200.

Ier Degré.

Vital de Solleysel épousa probablement Marie de la Bessée, qui lui porta le château et la seigneurie du Clapier (1).

La famille de la Bessée était anciennement connue en Beaujolais ; nous voyons Aimard de la Bessée chantre du chapitre de Beaujeu et juge d'appeaux en 1331. Nicolas de la Bessée, avocat du Roy et procureur général du Beaujolais en 1481 ; Jean de la Bessée chantre du chapitre de Beaujeu le 13 novembre 1523 (2). M. de la Tour-Varan croit que les Solleyzel sont une branche de la maison de la Bessée ; qu'ils auraient commencé à séjourner à Lyon, jusqu'en 1671 où l'on voit encore une Charlotte d'Aveyne, veuve de M. de Solleyzel, et que de là un cadet se serait établi à Saint-Etienne pour faire du commerce. On trouve parmi les échevins de Villefranche, dix-sept membres de cette famille de 1398 à 1506. En 1572, un de ses membres vint à Lyon et Georges de la Bessée, vendait avant 1561, au seigneur de Saint-Chamond, la rente de la Bessée sur le territoire de Montaud. Cette famille fonda une chapelle à Saint-Chamond dont le patronage passa par la mort de Georges et de Charles de la Bessée à Gasparde, veuve de Marcellin de Boissieu, sœur de Georges, trésorier de France, de Anne, épouse du sieur de Boissieu, frère de Marcellin, de Louise, dame de Monteille, épouse de Hugues Fleureton.

La Bessée porte : *d'argent à trois fasces de gueules au lion d'argent brochant sur le tout.*

IIe Degré.

Vital de Solleysel de la Bessée, seigneur du Clapier, eut quatre enfants :

(1) Le Clapier, arrondissement de Saint-Etienne, Loire.

(2) *Histoire du Beaujolais* par le Bon de la Roche-Lacarelle, Lyon, 1853, in-4o, page 289.

1° Mathieu, qui suit.

2° Catherine, qui épousa le 29 avril 1621, Jean-Jacques de la Rochette, seigneur de Bressieu, docteur en droit, avocat, fils de Jean de la Rochette et de Catherine Coppier de la Murette.

La Rochette en Forey, issu des la Rochette d'Auvergne en 1526 porte : *d'azur à une rochette de six coupeaux d'argent, baignée d'un fleuve de sinople*. Devise : *Illæsæ fluctibus*.

De cette union il n'y eut que des filles.

A. — Catherine de la Rochette, épouse de Jacques de Fouris du Plantier, morte en 1674.

B. — Marguerite de la Rochette, épouse de Michel du Bois de Galleronde, lieutenant particulier, civil et criminel du bailliage de Vienne.

C. — Marie de la Rochette, dame de Bressieu, épouse vers 1656 à Lyon, son cousin germain, Pierre de Giry, fils de Pierre de Giry et de Catherine de la Rochette (1).

3° Jean de Solleyzel, qui fut vingt-sixième prieur de Frimigny (2), il écrivit plusieurs ouvrages sur la ville de Saint-Etienne.

4° Antoine de Solleyzel succéda à son frère au prieuré de Firmigny, il prit possession du bénéfice le 29 avril 1630 (3).

IIIe Degré.

Mathieu de Solleysel de la Bessée, écuyer, sieur du Clapier, de la Beradière. Il fut conseiller du Roi au présidial

(1) *Notice sur la maison de la Rochette* par d'Assier de Valenches, Lyon, 1856, in-8°. — *Généalogie de la famille de Giry*, par le *Baron du Roure de Paulin*, présente Revue, janvier 1906.

(2) Firmigny, commune du canton du Chambon-Feugerolles, arrondissement de Saint-Etienne. Loire.

(3) *Chroniques des châteaux et des Abbayes du Forez*, par M. de la Tour-Varan, Saint-Etienne, 1854, in-4° pages 48 et s....

de Lyon; maître des ports, ponts, péages et passages de la ville de Lyon et de l'ancien gouvernement, maréchal-des-logis de la garde-écossaise et gentilhomme ordinaire de la chambre du Roy. Il envoya au ban et arrière-ban de 1635 un solat mousquetaire. Il fut échevin de Lyon de 1639 à 1640. Lors de l'Entrée de S. M. Louis XIII à Lyon. Mathieu de Solleysel figura dans le cortège après le Prévôt et ses officiers, il était : « à cheval vestu de drap d'Espagne minime, passementé d'or plus plein que vuide, avec une oppelande de mesme étoffe et mesme passement, le chapeau de castor gris le cordon d'or à panache blanc, en tête des officiers de la dite Maîtrise des ports et des vingt-et-un gardes ayant le chapeau gris, le cordon d'or, la plume blanche, le pourpoint de chamois avec un galon d'or, la chausse et bas d'escarlate deux galons d'or par dessus, la botte blanche, l'espée et les éperons argentés (1) ». M. de Solleyzel figure dans la gravure représentant cette entrée du Roi. Il épousa Françoise Chappuis qui léga le 30 novembre 1640 aux pauvres de l'Hôtel-Dieu de Saint-Etienne une pension annuelle et perpétuelle de 155 l. 10 s. Mathieu fonda le 1er décembre 1640 treize messes à la chapelle du Clapier. Il eut trois fils.

1° Jean-François de Solleysel, qui fut vingt-huitième prieur de Firminy de 1642 à 1653, il succéda à son oncle Antoine, et eut pour successeur Antoine de Neuville (2).

2° Marguerite de Solleyzel, mariée en 1640 à Antoine Berardier.

3° Jacques, qui suit :

IVe Degré.

Jacques de Solleyzel de la Bessée, seigneur du Clapier et de la Berardière, naquit en 1617. Ce fut un cavalier hors

(1) *L'entrée du Roy et de la Royne dans la ville de Lyon, ou le Soleil ou sygne du Lyon. Lyon*, 1624, in-8°, page 177

(2) La Tour-Vran *loc. cit.* pages 51, 57.

ligne, et très célèbre, il enseigna longtemps à Lyon l'art de l'équitation et il fonda en cette ville une académie hippique qui eut grande réputation. Sa Majesté le nomma écuyer ordinaire de sa Grande-Ecurie ; il fut aussi écuyer de S. A. S.

Monseigneur le duc de Bavière. Connaissant très bien les chevaux il étudia particulièrement leurs maladies, et fit faire de réels progrès à l'art vétérinaire.

Il avait réuni une superbe bibliothèque renfermant beaucoup d'elzévirs, d'éditions de luxe et d'ouvrages allemands, elle fut vendue à la fin du XVIIIe siècle, la plus grande partie fut achetée par la famille de Sauzea de Monteille. Il publia :

1° *Le Parfait Mareschal qui enseigne à connoistre la beauté, la bonté, les deffauts des Chevaux. La manière de les conserver dans les fatigues des Voyages, de les nourrir et de les panser avec Méthode. La Ferrure,... Les signes et causes des Maladies.... Un Traité du Haras.....* Par le Sieur de Solleyzel, Escuyer Ordinaire de la Grande Escurie du Roy à l'un des Chefs de l'Académie Royalle, prôche l'Hostel de Condé. Paris, chez Gervais Clousier, 1664, in-4° 670 pages. Dédié à Monseigneur Henri de Lorraine comte d'Harcourt. Cet ouvrage eut un grand nombre d'éditions : 1676 et 1677, quatrième édition, deux tomes en un volume, in-4° : 1680, 1698, 1706, Genève, deux tomes en un volume, in-4° (français-allemand) ; 1754, Paris, Didot ; 1775, Paris, rue Saint-Jacques. *Le Parfait Maréchal* fut traduit en anglais par William Hope ; Londres 1728, in-8°.

2° *Le Mareschal méthodique qui traite des moyens de découvrir les défauts des chevaux et de connoistre leurs maladies. Il donne ensuite les remèdes pour les guérir et enseigne à les dispenser fort exactement......* Par le sieur de la Bessée escuyer de S. A. S. Monseigneur le Duc de Bavière, Paris, chez Gervais Clouzier, 1676, in-8°, 341 pages.

Il était si galant homme que ses contemporains ont pu dire de lui, qu'il aurait encore mieux écrit le livre du parfait honnête homme que du parfait maréchal.

Il fit donation, le 20 septembre 1666, de trois milles livres à l'Hôtel-Dieu de Saint-Etienne, à charge de recevoir à perpétuité un de ses parents ou domestiques, présenté par le chef de famille.

Il rendit hommage de la rente noble du Clapier le 18 juin 1674 et parut cette même année au ban de la noblesse du Forez.

Il mourut de mort subite le 30 janvier 1680, laissant deux enfants de Catherine d'Allier, qu'il avait épousée, à Lyon, par contrat du 26 mai 1653.

Ve Degré.

1. François-Jacques de Solleyzel de la Bessée, seigneur du Clapier. Il fut premier gentilhomme de S. A. R. le Duc de Berry. Il fut maintenu noble, à Saint-Etienne où il demeurait, le 8 janvier 1698 (1).

2. Odet-Joseph de Solleyzel de la Bessée, encore mineur à la mort de son père, il resta sous la tutelle de M. Antoine-Joseph de Montcel de Bourdon, chevalier. Il entra dans les ordres et fut aumônier du Roi. Ce fut le dernier de sa race, il hérita de son frère et tous les biens des Solleyzel passèrent à son cousin Jean-François de Giry, Baron de Vaux et de Saint-Cyr, etc... fils de Pierre de Giry et de Marie de la Rochette.

Baron du ROURE de PAULIN.

(1) Bibliothèque Nationale. Département des Manuscrits. *Etat des Particuliers de la Généralité de Lyon maintenus nobles*. Ms. Fr. 32.268 folio 1. *Mémoires généalogiques* d'Haudicquier, Ms. Fr. 32.863, folio 252.

Vannes. — Imp. Lafolye Frères.

GÉNÉALOGIE

DES

FAMILLES JACQUIER ET GRIMOD DE CORNILLON

La famille Jacquier est originaire de la ville de Saint-Etienne. Ses armes sont : *d'azur à la fasce d'argent chargée de trois corneilles de sable.*

Ie Degre

Etienne Jacquier, notaire à Saint-Etienne, eut un fils de Philiberte Fontanez.

IIe Degré

Jacques Jacquier acheta, le 16 janvier 1686, la terre de Cornillon et prit, en 1689, le titre de baron de Cornillon. Cette même année il obtint la charge de secrétaire du roi, maison et couronne de France. Il épousa Catherine de la Farge, fille de Jean de la Farge et de Catherine Dumarest.

La baronnie de Cornillon comprenait ce qui forme aujourd'hui les communes de Saint-Paul-en-Cornillon, Fraisses, Chazeau, Unieux et Caloire, une partie de la commune de Firmigny, et divers morceaux des communes de Saint-Victor, de Saint-Maurice-en-Gourjois (1), et d'Aurec (2). Sa superficie était d'environ 3800 hectares. Le château de Cornillon est situé à l'est d'un rocher escarpé, baigné par la Loire à l'ouest ; au sud se trouve le ravin de Verdine. La ligne de chemin de fer de Saint-Etienne au Puy passe aujourd'hui sous Cornillon, elle accède à un tunnel assez long par deux grands viaducs.

Le château avait trois enceintes : la première enfermant tout le village, la seconde partant du rocher qui domine la Loire, s'appuyait à l'extrémité Est, sur les constructions de l'église qui contribuaient à la défense de la place. Le château est situé juste au-dessous de la pointe du rocher sur laquelle se trouvait le donjon (3).

Cornillon appartint d'abord à la maison de Lavieu et passa par héritage aux Beaudiner (4) ; le plus ancien seigneur connu est Guillaume de Beaudiner qui mourut vers 1243. Il laissa sa terre à Aymard de Poitiers à qui succéda Guillaume II, mort le 20 septembre 1302, laissant une fille unique, Luce de Beaudiner, qui épousa Guillaume de Poitiers (5). Elle mourut en octobre 1337, laissant cinq

(1) Arrondissement de Saint-Etienne (Loire).

(2) Arrondissement d'Yssingeaux (Haute-Loire).

(3) Nous renvoyons pour plus amples détails à l'excellent ouvrage de M. l'abbé Prajoux, *Histoire de la baronnie de Cornillon*, Lyon, Saint-Etienne, 1900, in-8°, et à M. de la Tour Waran, *Chroniques des châteaux et abbayes du Forez*, Saint-Etienne, 1854, in-4°.

(4) Beaudiner : *palé de... au chef de... chargé de trois fleurs de lys de...*

(5) Poitiers : *d'azur à six besants d'or, au chef de même.*

enfants (1). Son fils aîné, Guillaume de Poitiers, lui succéda; mais étant mort sans enfant de son mariage avec Walpurge de Graignac, la baronnie revint, en 1346, en vertu de la substitution faite par sa mère dans son testament du 14 août 1337, à sa sœur Béatrix de Poitiers, qui avait épousé, en octobre 1310, Jean Bastet, seigneur de Crussol.

Cornillon appartint après à Géraud de Crussol, puis à son frère Guillaume (2), qui vendit la baronnie, en 1365, à Bernard de Laire (3). Bernard fit faire de grandes réparations au château et aux fortifications, en 1380. Son fils, Robert de Laire, lui succéda, il épousa Jeanne de Cassinel, le 19 juillet 1397, et laissa ses biens à son fils aîné, Jean de Laire, époux de Marguerite de Montagny, et père de Guillaume de Laire, seigneur de Cornillon, gouverneur du Dauphiné en 1407. Après sa mort, Cornillon passa à son fils Jean de Laire, baron de Cornillon, seigneur de la Motte et de Grigny, c'est lui qui fit restaurer l'église où il fut enterré avec sa femme Marie de Brionne, morte vers 1462. Son fils aîné, Guillaume, étant mort sans hoir de Jeanne d'Albon de Saint-André, son frère Jacques hérita de lui. Jacques épousa Antoinette de Tournon (4); il fit transformer le château et lui donna son aspect actuel; il laissa deux fils, Gaspard qui mourut en 1529, laissant ses biens à sa sœur Suzanne qui épousa Gilbert de Lévis-Ventadour (5), pannetier du Roi, mort en 1531. Il eut cinq enfants, l'aîné fut Gilbert de Lévis, comte de Ventadour, baron de Cornillon, qui épousa, le 25 juin 1553, Catherine de Montmorency, fille d'Anne de Montmorency, connétable de France et d'Anne de Savoie.

(1) A. Guillaume, B. Alix, épouse d'Etienne de Vissac, seigneur d'Arlanc, C. Beatrix, D. Florie épouse de Jean Pagan d'Argental, seigneur de Mahun, E. Alixent, épouse de Marquis seigneur de Canillac.

(2) Il épousa le 2 juillet 1353, Humilie de Châteauneuf.

(3) Laire porte : *d'argent au lion de gueules.*

(4) Fille de Jacques de Tournon et de Jeanne de Polignac.

(5) Lévis-Ventadour : *d'or à trois chevrons de sable, écartelé d'or et de gueules.*

Son second fils Anne de Lévis, duc de Ventadour, baron de Cornillon, lieutenant-général du Languedoc etc... lui succéda, il épousa à Alais, le 25 juin 1593, Marguerite de Danville-Montmorency. On dit qu'il n'habita jamais à Cornillon qui passa à son fils Henri. Ce dernier n'ayant point d'enfant de Marie-Louise de Luxembourg, princesse de Tingry, résolut de quitter le monde ; sa femme se fit carmélite à Chambéry, et lui devint chanoine de Notre-Dame de Paris, directeur général des Séminaires. Il avait fait donation de ses terres, par acte du 23 mai 1631, à son frère Charles de Lévis, marquis d'Annonay (1).

Le sept octobre 1636, ce dernier donna procuration, au sieur Martial Geoffre, de vendre Cornillon qui fut acheté, le 13 octobre 1636, par la dame Claude de Fay, veuve de Claude de Villars (2) au prix de 66.000 livres tournois ; à cette époque la baronnie rapportait 1400 livres.

Mais Claude de Fay, dame de Villars, ne garda pas cette terre et en 1639 elle appartenait à Jean de Fay de la Tour-Maubourg, seigneur de Paulin ou Pollin (3) (orthographe ancienne). Le 1er juin 1677, Cornillon fut revendu 90.000 livres et 80 pistoles d'étrennes à Charles de Néréstang, seigneur

(1) Charles de Levis épousa : 1° le 26 mars 1634, Suzanne de Lauzières ; 2° Marie de la Guiche de Saint-Géran. Il eut deux filles et un fils Louis-Charles de Lévis, duc de Vendadour époux de Charlotte-Eléonore de la Mothe-Houdancourt de qui il eut une fille unique dernière de sa branche, Anne-Geneviève de Lévis de Ventadour.

(2) Claude de Villars, seigneur de la Chapelle et de Mafilas, chevalier de l'ordre de Saint-Michel, capitaine de cent chevaux légers, fils de Claude de Villars et de Charlotte Gayan, épousa : 1° le 30 juillet 1581, Anne de Fay, fille de Jean de Fay et de Louise de Varey, dame de Virieu ; 2° le 26 juillet 1604, Claude de Fay, veuve de Jean de Chapteuil de Bonneville et fille de Jean de Fay, baron de la Tour-Maubourg et de Marguerite-Marie du Peloux.

(3) Paulin, situé près de Monistrol, arrondissement d'Yssingeaux, (Haute-Loire), fut porté par le mariage de Lucrèce de Fay de la Tour-Maubourg, dame de Paulin, sœur de Jean, à Nicolas de Chateauneuf de Rochebonne. Paulin passa, en 1702, à la famille du Roure par le mariage de Marie de Chateauneuf avec Louis du Fornel du Roure fils de Antoine du Fornel du Roure et de Françoise de Brunel d'Alenteim.

FIG. 4 ET 5

Vue du Château de Cornillon d'après une gravure du XVIIe siècle.

Vue du Château de Cornillon, état actuel.

de Saint-Didier, d'Aurec et d'Oriol, grand-maître de l'ordre de Saint-Lazare et de Notre-Dame-du-Mont-Carmel. Mais le marquis de Néréstang, étant criblé de dettes, ne put payer et il dut restituer Cornillon, par sentence du Parlement du 22 octobre 1685, à Claudine et Françoise de Fay, filles et héritières de Jean de Fay de la Tour-Maubourg de Paulin.

Le 16 janvier 1686, elles revendirent Cornillon à Jacques Jacquier et à Jean Bernou au prix de 46.000 livres.

Le 26 février Jean Bernou renonça à son acquisition qui resta entière à Jacques Jacquier : il fit dresser un inventaire de la baronnie le 18 mai 1686 et en prit possession.

Il mourut en 1693, laissant cinq enfants :

1° Jean-Jacques Jacquier qui suit.

2° Antoinette Jacquier épousa, vers 1690, Jean-François de Giry (1), seigneur du Clappier, de Bressieu èt de Perrost, baron de Vaux et de Saint-Cyr, fils de Pierre de Giry et de Marie de la Rochette, fille de Jean-Jacques de la Rochette et de Catherine de Solleysel (2), d'où six enfants.

Giry porte : *d'azur au sautoir d'argent.*

3° Marie Jacquier épousa François Jou, seigneur de Jonage, secrétaire du Roi.

4° Jeanne Jacquier épousa Louis Punctis, secrétaire du Roi.

5° Françoise Jacquier épousa Jean-Claude Grimod-Bénéon de Riverie que nous retrouverons, page 17.

IIIe Degré.

Jean-Jacques Jacquier, baron de Cornillon, épousa Catherine Bernou, fille héritière de son père Jean Bernou, bourgeois de Lyon et de Nicolle Cani (3).

Bernou porte : *d'azur au chevron d'or accompagné en chef de deux étoiles d'argent et en pointe d'une ancre de même.*

(1) Baron du Roure de Paulin, *Généalogie de la Famille de Giry*, Paris, 1906, in-8°.

(2) Voir p. 3.

(3) W. Poidebard : *Notes héraldiques et généalogiques sur Le Lyonnais, Forez et Beaujolais.* Lyon, 1896, p. 18 et 40.

Cani porte : *de.... au chien passant de... au chef de... chargé d'un croissant de.... entre deux étoiles de....*

De cette union il n'y eut pas d'enfants. Jean-Jacques testa le 14 juin 1724, laissant toute sa fortune à sa sœur Françoise, veuve de Jean-Claude Grimod-Bénéon de Riverie. Il mourut le 26 juin 1724 (1).

GRIMOD

Fig. 6. — *Ex-libris de Fr. J. J. baron de Cornillon.*

Cette famille est originaire de Givors ; ses armes sont : *d'azur à la fasce d'argent accompagnée en chef d'un croissant entre deux étoiles du même et en pointe d'un poisson nageant dans une mer d'argent.*

La branche de Cornillon, la seule qui nous occupe porte : *d'azur à la fasce d'argent accompagnée de trois étoiles d'or* (2).

(1) Bayon. *Réponse aux habitants du village Saint-Paul-en-Cornillon*, 1832.

(2) Henri de Jouvencel : *L'Assemblée de la noblesse de la sénéchaussée de Lyon en 1789. Lyon, 1907*, in-4°, pages 511 et suiv.

Ier Degré

Benoît Grimod, né à Givors le 11 février 1587, eut quatre enfants :

1° Antoine Grimod qui suit :

2° Jean Grimod, conseiller du Roi, commissaire enquêteur de la sénéchaussée de Lyon, épousa, par contrat du 16 août 1607, Marguerite Bruno fille de noble Jean-Baptiste Bruno et de Marguerite Gros. Ils eurent un fils et une fille qui fut religieuse.

3° Pierre Grimod qui fit souche.

4° Fleurie Grimod, qui, en 1631, était veuve de Jean-Baptiste Gros.

Gros porte : *d'azur à la branche de lys d'argent feuillée de sinople accompagnée en chef de deux étoiles à six rais d'or et en pointe d'un croissant de même* (1).

IIe Degré

Antoine Grimod testa à Givors le 26 novembre 1641, il laissait quatre enfants de Guillemette Parye :

1° Jean-Baptiste Grimod, seigneur de Montgelas, qui fit branche.

2° Antoine Grimod qui suit :

3° Pierre Grimod, capitaine-châtelain de Givors.

4° Barbe Grimod, qui épousa par contrat du 16 novembre 1615, Antoine Perrel ; elle se remaria à Benoît Sivelle.

IIIe Degré

Antoine Grimod, bourgeois de Lyon, épousa, par contrat du 15 juin 1638, Marguerite Bénéon, fille de Claude-Thomas Bénéon et d'Antoinette Lagier, sœur de Jean-René et François Bénéon, seigneurs de Saint-Bonnet-les-Oules, Chatelus,

(1) Poidebard, *loco citato*, p. 101.

Saint-Denis-sur-Coise (1), de la baronnie de Riverie (2), qu'ils avaient achetée, le 16 mars 1680, moyennant 174.110 l., aux Brou de la Liègue. Jean et François Bénéon léguèrent et substituèrent tous leurs biens à leur beau-frère. Marguerite mourut le 6 janvier 1689, laissant six enfants :

1° Jean-Claude Grimod qui suit :

2° Jacques Grimod-Bénéon de Riverie baptisé à Lyon, le 25 octobre 1643, épousa le 23 décembre 1686, Catherine Cherpy, fille d'Etienne Cherpy et de Jeanne Guimier.

3° Claude Grimod-Bénéon de Riverie, baptisé le 23 février 1632, mort à Lyon le 13 avril 1719.

4° Madeleine Grimod-Bénéon de Riverie, baptisée le 1er mars 1648, épousa par contrat du 2 mars 1669, Jean de la Garde, maître-chirurgien.

5° Marie Grimod-Bénéon de Riverie, baptisée le 14 août 1648, épousa par contrat du 22 avril 1671, Jean Sibert tireur d'or.

Sibert porte : *d'azur à trois fasces ondées d'argent* (3).

6° Claudine Grimod-Bénéon de Riverie, baptisée à Lyon, le 8 août 1649, morte le 16 décembre 1719.

IVe Degré.

Jean-Claude Grimod-Bénéon de Riverie, écuyer seigneur de Riverie, Chatelus, Charpenay, etc., baptisé à Lyon le 24 mars 1641, conseiller-secrétaire du Roi du grand collège, le 16 mars 1689, épousa, par contrat du 23 février 1685, Françoise Jacquier de Cornillon. Il mourut à Lyon, le 24 avril 1713. Sa veuve hérita de la baronnie de Cornillon, dont elle fut mise en possession le 15 octobre 1745. Elle finit sa vie à Cornillon, où le souvenir de ses bonnes œuvres, de ses aumônes, et de ses qualités est demeuré légendaire Elle eut quatre enfants.

(1) Communes du canton de Saint-Galmier, arrondissement de Montbrisson (Loire).

(2) Commune du canton de Mornant, arrondissement de Lyon (Rhône).

(3) D'Hozier, *Armorial général*. Registre Lyon, 544.

1° Jean-François-Etienne Grimod-Bénéon de Riverie qui suit :

2° Jean-Jacques Grimod-Bénéon de Riverie, seigneur de la Faverge, mort sans alliance en 1761.

3° Marguerite Grimod-Bénéon de Riverie baptisé le 30 janvier 1687, épouse Jean-Baptiste Dilbert, écuyer, conseiller du Roi, receveur des tailles à Saint-Etienne, prévôt des galères de Marseille, fils de Pierre Dilbert, receveur des tailles à Saint-Etienne et de Marie Henri.

Dilbert porte : *d'azur à un pélican avec sa piété d'or, au chef cousu de gueules chargé de trois besants d'argent* (1).

4° Marie-Catherine-Claudine Grimod-Bénéon de Riverie, épousa, par contrat du 8 avril 1717, Gaspard de Vincent, chevalier, seigneur de Panette, chevalier d'honneur au Parlement de Dombes, (20 août 1714) capitaine des chasses de Dombes, fils de François de Vincent de Panette, chevalier d'honneur audit Parlement et de Françoise Regnou.

Vincent porte : *d'azur au foudre d'or lié de gueules, ailé de sinople.* Devise : Vincenti dabo.

Ve Degré.

Jean-François-Etienne Grimod-Bénéon de Riverie, de Chatellus, baron de Cornillon, maréchal des camps et armes du Roi, commandant en Briançonnois, chevalier de Saint-Louis, mort en 1761 laissant un fils de son mariage avec Claudine-Jeanne de Beaulieu de Gourville de Théras.

VIe Degré.

François-Jean-Jacques Grimod de Bénéon de Riverie, baron de Cornillon, seigneur de Chaussans (3), de Saint-André,

(1) D'Hozier, *Armorial général.* Registre Lyon, 266.
(2) Commune du canton de Mornant, arrondissement de Lyon (Rhône).

de Saint-Just-Saint-Didier (1), de la Rajasse, de la Faverge, etc., né à Lyon le 18 mars 1738, capitaine au régiment d'Aquitaine, chevalier de Saint-Louis, lieutenant des maréchaux de France, juge du point d'honneur. Il épousa à Ainay, le 10 décembre 1761, Jeanne-Marie-Laurence Dugas, née le 4 octobre 1740, de Louis Dugas, écuyer, seigneur de Bois-Saint-Just, Orliénas, Tourvoy et du marquisat de Villars, capitaine au régiment de Picardie et de Marie-Louise-Josèphe Laurent (2).

Dugas porte : *d'azur au sautoir ondé d'or accompagné de quatre besants de même.*

Il renouvela, en 1765, les ordonnances de police dressées par ses prédécesseurs pour le mandement de Cornillon. Ses dépenses exagérées le forcèrent de vendre une partie des terres dépendant de la baronnie de Cornillon, à Jean-Baptiste-Michel de Charpin de Feugerolles, par acte du 15 février 1775. Enfin le 5 avril 1789, il vendit sa terre et le château de Cornillon à Clément Palle, négociant. Celui-ci revendit le château en 1791, à M. Bayon, dont les descendants le gardèrent jusqu'en 1885, époque où il fut acheté par M. Durand.

Le dernier baron de Cornillon mourut à Lyon, le 6 avril 1792, ayant eu trois enfants :

1° Jacques-Louis-Claude Grimod-Bénéon de Riverie, né le 6 avril 1764, mort le 3 septembre de la même année.

2° Jeanne-Françoise-Claudine-Etiennette Grimod-Bénéon de Riverie de Cornillon, née le 10 septembre 1762, épousa par contrat du 25 février 1783, Pierre de Montherot de Belligneux, écuyer, seigneur de Montferrand, garde du corps de la compagnie écossaise, baptisé à Lyon le 20 novembre 1757, fils de Pierre de Montherot de Belligneux et de Jeanne-Sybille de Lamartine d'Urigny. Il mourut à Paris le 20 novembre 1798, laissant deux enfants.

(1) Commune du canton de Saint-Didier-la-Seauve, arrondissement d'Yssingeaux (Haute-Loire).

(2) Voir *Revue héraldique* : H. de la Perrière, *Les Dugas*.

Montherot porte : *de gueules à une aigle accompagnée en chef d'un soleil et d'une étoile et en pointe d'un mont à trois coupeaux, le tout d'argent.*

3° Claudine-Françoise Grimod-Bénéon de Riverie de Cornillon, épouse, le 14 août 1792, Gaspard-Marie du Boys, né à Grenoble le 20 novembre 1761, de Gaspard du Boys, avocat consistorial au Parlement du Dauphiné, et de Françoise Belluart. Il mourut le 30 mars 1860.

Vannes. — Imp. Lafolye Frères.

www.ingramcontent.com/pod-product-compliance
Lightning Source LLC
LaVergne TN
LVHW010407240826
846091LV00020B/2824
9782012876583